PAPA FRANCISCO

LA VIDA DESPUÉS
DE LA PANDEMIA

Prefacio del
Cardenal MICHAEL CZERNY, SJ

LIBRERIA
EDITRICE
VATICANA

© Copyright 2020 – Libreria Editrice Vaticana
00120 Città del Vaticano
Tel. 06.698.45780 - Fax 06.698.84716
E-mail: commerciale.lev@spc.va

Edición en papel
ISBN 978-88-266-0448-0

Edición digital
ISBN 978-88-266-0432-9

www.vatican.va
www.libreriaeditricevaticana.va

Prefacio

del Card. Michael Czerny, SJ

En los primeros meses de 2020, el Papa Francisco ha reflexionado frecuentemente sobre la pandemia de COVID- 19, a medida que ésta se extendía por la familia humana. Aquí se recogen ocho significativos textos, pronunciados o escritos desde el 27 de marzo al 22 de abril. ¿A quién se dirige el Papa, y cómo? ¿Qué dice y por qué?

Más allá de las ocasiones específicas, estos ocho textos pueden ser leídos juntos como un único desarrollo de su pensamiento y como un rico mensaje para la humanidad. Dicho mensaje tiene dos objetivos. El primero es sugerir una dirección, algunas claves y directrices para reconstruir un mundo mejor que podría nacer de esta crisis de la humanidad. El segundo objetivo es sembrar esperanza en medio de tanto sufrimiento y desconcierto. El Papa basa claramente esta esperanza en la fe, "porque con Dios la vida nunca muere".[1]

----

[1] *"¿Por qué tenéis miedo?"*. *Mensaje* Urbi et orbi *durante el Momento Extraordinario de Oración en tiempos de epidemia;* Atrio de la Basílica de San Pedro, 27 de marzo de 2020.

Comenzamos con los mensajes *Urbi et orbi,* nombre de un importante tipo de discursos papales de larga tradición. Por dos veces en 17 días, el Papa Francisco habló solemnemente y bendijo la ciudad (*urbi*) de Roma, de la que es Obispo, y el mundo entero (*orbi*): el 27 de marzo —una ocasión sin precedentes—, durante la oración extraordinaria de adoración en la Plaza de San Pedro; y el 12 de abril, como es tradición, en el Domingo de Pascua.

El mensaje *Urbi et orbi* invita a toda la humanidad a escuchar, de un modo tan inclusivo como lo hizo la *Laudato si'* en 2015 —«quiero dirigirme a cada persona que habita este planeta»[2]— y *Querida Amazonia* en febrero de 2020, dirigida «al Pueblo de Dios y a todas las personas de buena voluntad».

Si bien el *Urbi et orbi,* en sentido estricto, se aplica solamente a dos de los textos que componen esta recopilación sobre la crisis del COVID-19, en cierto modo caracteriza a los ocho. En ellos, el Papa habla, de un modo muy personal, lleno de sentimiento, comprometido y esperanzado, sobre las necesidades y los sufrimientos de la gente en diversas situaciones locales. Al mismo tiempo, son también textos verdaderamente universales,

---

[2] Carta enc. *Laudato si',* 25 de mayo de 2015, 3.

no solo porque el virus amenaza a todos sin discriminación, sino especialmente porque el mundo post-COVID-19 ha de ser moldeado por todos. Estos ocho textos muestran el enfoque cálido e inclusivo del Papa Francisco, que no reduce las personas a unidades que pueden ser contadas, medidas y gestionadas, sino que une a todos juntos en la común humanidad y en el espíritu. Y así, con no menos calidez e inclusividad, el Papa desafía a cada uno —sin que importe lo encumbrado o humilde que sea— a osar hacer el bien, a hacerlo mejor. ¡Nosotros podemos! ¡Debemos!

«Desde esta columnata que abraza a Roma y al mundo, descienda sobre vosotros, como un abrazo consolador, la bendición de Dios».[3] El *Urbi et orbi* es una invitación para los Jefes de Estado y de Gobierno, para quienes toman las decisiones en el mundo, para «cuantos tienen autoridad»,[4] para los privilegiados que pertenecen a «una pequeña parte de la humanidad (que) avanzó, mientras la mayoría se quedó atrás».[5] El Santo

---

[3] *¿Por qué tenéis miedo?*, op. cit.

[4] *"Superar los desafíos globales". Catequesis de la Audiencia General de los miércoles dedicada al 50º Día Mundial de la Tierra,* 22 de abril de 2020.

[5] *Homilía "El egoísmo, un virus todavía peor",* II Domingo de Pascua, 19 de abril de 2020.

Padre cuestiona y desafía «a quienes tienen responsabilidades en los conflictos»[6] y a «los que detentan el poder económico».[7]

«Animo a quienes tienen responsabilidades políticas a trabajar activamente en favor del bien común»,[8] dice Francisco; y muchos países, de hecho, han compartido información, conocimientos y recursos. Al mismo tiempo, la gratitud y el afecto del Papa van «a quienes trabajan asiduamente para garantizar los servicios esenciales necesarios para la convivencia civil, a las fuerzas del orden y a los militares, que en muchos países han contribuido a mitigar las dificultades y sufrimientos de la población».[9]

En esta recopilación única, el Papa Francisco también escucha y mira a muchos de los que normalmente son silenciados y permanecen invisibles. En Pascua, escribe a los Movimientos Populares, organizaciones de la economía informal o popular. «Nuestra civilización... necesita bajar un cambio, repen-

---

[6] *"Como una nueva llama"*. *Mensaje* Urbi et orbi, Domingo de Pascua, 12 de abril de 2020.

[7] *"A un ejército invisible"*. *Carta de Pascua a los Movimientos Populares*, 12 de abril de 2020.

[8] *Como una nueva llama, op. cit.*

[9] *Ibid.*

sarse, regenerarse. Ustedes son constructores indispensables de ese cambio impostergable».[10] Asimismo, saluda «al mundo de los periódicos callejeros y especialmente a sus vendedores, que en su mayoría son personas sin hogar, gravemente marginadas, desempleadas».[11] Esta es probablemente la primera vez que estas personas han sido tomadas en consideración, y más aún, saludadas respetuosamente. El Papa continúa: «Mirar a los más pobres, en estos días, puede ayudarnos a todos a ser conscientes de lo que realmente nos está pasando y de nuestra verdadera condición».[12]

Dirigiéndose a todos y cada uno directamente, no desde lo alto o en abstracto, el Papa Francisco se acerca con afecto y compasión paternales para hacer suyos el sufrimiento y el sacrificio de tanta gente: «Que el Señor de la vida acoja consigo en su reino a los difuntos, y dé consuelo y esperanza a quienes aún están atravesando la prueba, especialmente a los ancianos y a las personas que están solas. Que conceda su consolación y las gracias

---

[10] *A un ejército invisible, op. cit.*

[11] *Carta al mundo de los periódicos callejeros,* 21 de abril de 2020.

[12] *Ibid.*

necesarias a quienes se encuentran en condiciones de particular vulnerabilidad, como también a quienes trabajan en los centros de salud, o viven en los cuarteles y en las cárceles».[13] Y el "álbum de familia" continúa: «médicos, enfermeros y enfermeras, encargados de reponer los productos en los supermercados, limpiadoras, cuidadoras, transportistas, fuerzas de seguridad, voluntarios, sacerdotes, religiosas»,[14] «padres, madres, abuelos y abuelas, docentes (que) muestran a nuestros niños, con gestos pequeños y cotidianos, cómo enfrentar y transitar una crisis readaptando rutinas, levantando miradas e impulsando la oración».[15]

El Pontífice es solidario: «Qué difícil es quedarse en casa para aquel que vive en una pequeña vivienda precaria o que directamente carece de un techo. Qué difícil es para los migrantes, las personas privadas de libertad o para aquellos que realizan un proceso de sanación por adicciones».[16] Y piensa «en las personas, sobre todo mujeres, que multiplican el pan en los comedores comunitarios cocinan-

---

[13] *Como una nueva llama, op. cit.*
[14] *¿Por qué tenéis miedo?, op. cit.*
[15] *Ibid.*
[16] *A un ejército invisible, op. cit.*

do con dos cebollas y un paquete de arroz un delicioso guiso para cientos de niños, pienso en los enfermos, pienso en los ancianos (y en) los campesinos y agricultores familiares que siguen labrando para producir alimentos sanos sin destruir la naturaleza, sin acapararlos ni especular con la necesidad del pueblo».[17]

Entonces, ¿qué dice el Papa y por qué? En el nivel más alto, una alternativa es el «egoísmo de los intereses particulares y la tentación de volver al pasado, con el riesgo de poner a dura prueba la convivencia pacífica y el desarrollo de las próximas generaciones»;[18] lo cual conlleva «este peligro: olvidar al que se quedó atrás. El riesgo es que nos golpee un virus todavía peor, el del *egoísmo indiferente*».[19]

«Que lo que está pasando nos sacuda por dentro»[20] y «que todos se reconozcan parte de una única familia y se sostengan mutuamente».[21] «Es tiempo de eliminar las desigualdades, de *reparar la injusticia* que mina de raíz la salud de toda la humanidad».[22]

---

[17] *Ibid.*

[18] *Como una nueva llama, op. cit.*

[19] *El egoísmo, un virus todavía peor, op. cit.*

[20] *Ibid.*

[21] *Como una nueva llama, op. cit.*

[22] *El egoísmo, un virus todavía peor, op. cit.*

Ha llegado el momento de prepararse para un cambio fundamental en el mundo post-COVID. En una nota manuscrita a un juez argentino, el Papa escribe: «Prepararnos para el después es importante».[23] Y en una entrevista reciente —que no aparece en esta recopilación—, grabando las respuestas para un periodista británico, afirma que «las consecuencias ya han empezado a verse, trágicas y dolorosas, y por eso tenemos que pensar en ellas ahora».[24]

Como miembros de una única familia humana y habitantes de una sola casa común, un peligroso egoísmo infecta a muchos más que el COVID-19. «Hemos fallado en nuestra responsabilidad como custodios y administradores de la tierra. *Basta mirar la realidad con sinceridad para ver que hay un gran deterioro de nuestra casa común.* La hemos contaminado, la hemos saqueado, poniendo en peligro nuestra misma vida... No hay futuro para nosotros si destruimos el ambiente que nos sostiene».[25] Ahora, afrontando la pandemia,

---

[23] *"Prepararnos para el después es importante".* Car*ta al Dr. Roberto Andrés Gallardo,* 30 de marzo de 2020.

[24] Austen Ivereigh, *"Un tiempo de gran incertidumbre". Entrevista con el Papa Francisco,* 8 de abril de 2020.

[25] *Superar los desafíos globales, op. cit.*

hemos experimentado amplia y claramente nuestra interconexión en la vulnerabilidad. Gran parte de la humanidad ha respondido a esa vulnerabilidad con determinación y solidaridad. Hemos demostrado que podemos hacerlo, que podemos cambiar, y ahora está en nuestras manos traducir estas actitudes en una conversión permanente, con resolución y solidaridad, para afrontar amenazas mayores y con efectos a más largo plazo.

Ha llegado también el momento de reflexionar sobre las actividades económicas y el trabajo. Volver simplemente a lo que se hacía antes de la pandemia puede parecer la elección más obvia y práctica; pero, ¿por qué no pasar a algo mejor? ¿Por qué reinvertir en combustibles fósiles, monocultivos y destrucción de la selva tropical, cuando sabemos que ello agrava nuestra crisis medioambiental? ¿Por qué retomar la industria armamentística, con su terrible desperdicio de recursos y su inútil destrucción? El Papa está «preocupado por la hipocresía de ciertas personalidades políticas que hablan de afrontar la crisis... pero mientras tanto fabrican armas».[26] Para

---

[26] IVEREIGH, *Un tiempo de gran incertidumbre*, *op. cit.*

que el trabajo sea bueno, debe contribuir al desarrollo humano integral. Necesitamos seguramente "armas" de una clase distinta para luchar contra la enfermedad y aliviar el sufrimiento, empezando por el equipamiento completo necesario para las clínicas y hospitales de todo el mundo. Pensemos valientemente fuera de esquemas. Después de lo que hemos pasado este año, no deberíamos tener miedo de aventurarnos por nuevos caminos y proponer soluciones innovativas.

El trabajo de asistencia sanitaria requiere ciertamente reconocimiento, apoyo e innovación. La pandemia ha mostrado que es estratégico y fundamental. Sin embargo, en muchos países es un sector ignorado: los salarios son bajos, falta personal en los hospitales, los turnos son pesados, faltan contratos y beneficios adecuados. Muchos operadores sanitarios son precarios y «no tienen un salario estable para resistir este momento».[27] Muchos son migrantes. ¿Por qué los empleados de otros sectores cuya contribución a la sociedad es mucho menos importante ganan mucho más que los operadores sanitarios? Además, valorar el trabajo de asistencia mejoraría

---

[27] *A un ejército invisible, op. cit.*

significativamente la situación de las mujeres, ya que son numéricamente predominantes en este sector; una razón más por la que este trabajo no debería ser marginal. Mostremos la misma agilidad operativa que hemos demostrado para bloquear el virus, rehabilitando y fortaleciendo toda la industria de la salud.

Esta lógica debería extenderse a todo el sector informal, en el que «muchos... viven el día a día sin ningún tipo de garantías legales que los protejan».[28] Estos son los trabajadores menos protegidos durante la cuarentena, a pesar de que muchos de ellos son tan esenciales como los asalariados. «Los vendedores ambulantes, los recicladores, los feriantes, los pequeños agricultores, los constructores, los costureros, los que realizan distintas tareas de cuidado... no tienen un salario estable para resistir este momento... y las cuarentenas se les hacen insoportables».[29] El Papa nos pide que mostremos valentía en la innovación experimentando nuevas soluciones y explorando nuevos caminos.

Mirando hacia adelante, leamos los signos que el COVID-19 ha mostrado claramente. No olvidemos cuán profundamente nos ha

---

[28] *Ibid.*

[29] *Ibid.*

empobrecido la pérdida del contacto humano durante este tiempo en el que hemos estado separados de los vecinos, los amigos, los compañeros de trabajo y, sobre todo, de la familia, sin olvidar la absoluta crueldad de no poder acompañar a los moribundos en sus últimos instantes y llorarlos luego adecuadamente. En el futuro, no demos por descontado el estar juntos, sino redescubramos y busquemos medios para fortalecer esta posibilidad.

Desafiar y cambiar las industrias actuales, reconocer el trabajo informal y reforzar el trabajo sanitario son cuestiones que están ahora en la agenda pública. «Espero que los gobiernos comprendan que los paradigmas tecnocráticos (sean estadocéntricos, sean mercadocéntricos) no son suficientes para abordar esta crisis ni los otros grandes problemas de la humanidad. Ahora más que nunca, son las personas, las comunidades, los pueblos quienes deben estar en el centro, unidos para curar, cuidar, compartir».[30]

A estas horas, a causa del COVID-19 hemos comprendido que *todos* estamos involucrados e implicados: la desigualdad, el cambio climático y la mala gestión nos amenazan a todos. Hemos de entender también que se

---

[30] *Ibid.*

deberían cambiar los paradigmas y sistemas que ponen en riesgo el mundo entero. Nuestra vida tras la pandemia no debe ser una réplica de lo que fue antes, sin importar quién solía beneficiarse desproporcionadamente. «Seamos misericordiosos con el que es más débil. Sólo así reconstruiremos un mundo nuevo».[31]

El COVID-19 nos ha permitido poner a prueba el egoísmo y la competición, y la respuesta es la siguiente: si seguimos aceptando, e incluso exigiendo, una competición implacable entre intereses individuales, corporativos y nacionales, en la que los perdedores son destruidos, entonces al final los ganadores también perderán como los otros, porque este modelo es insostenible a cualquier escala: desde el virus microscópico hasta las corrientes oceánicas, desde la atmósfera a las reservas de agua dulce. Una nueva era de solidaridad debe poner a todos los seres humanos en el mismo plano de dignidad, cada uno asumiendo su propia responsabilidad y contribuyendo para que todos —uno mismo, los demás y las generaciones futuras— puedan prosperar.

Junto a la visión, el compromiso y la acción, el Papa Francisco ha mostrado hasta qué

---

[31] *El egoísmo, un virus todavía peor, op. cit.*

punto la oración es fundamental para redirigir nuestra mirada a la esperanza, sobre todo cuando la esperanza se hace débil y lucha por sobrevivir. «Cuántas personas rezan, ofrecen e interceden por el bien de todos. La oración y el servicio silencioso son nuestras armas vencedoras».[32] Mientras guiaba el mundo en la Adoración del 27 de marzo, el Santo Padre enseñó que orar significa:

- Escuchar, dejar que lo que estamos viviendo nos preocupe, afrontar el viento y el silencio, la oscuridad y la lluvia, permitir que las sirenas de las ambulancias nos turben;

- reconocer que no somos autosuficientes y, por tanto, encomendarnos a Dios;

- contemplar el Cuerpo del Señor para ser permeados por su modo de obrar, dialogar con Él para acoger, acompañar y sostener, como Él hizo;

- aprender de Jesús a tomar la cruz y abrazar junto a Él los sufrimientos de muchos;

- imitarlo en nuestra fragilidad para que, a través de nuestra debilidad, la salvación entre en el mundo;

- y mirar a María, "Salud de su Pueblo y Estrella del mar tempestuoso", y pe-

---

[32] *¿Por qué tenéis miedo?*, op. cit.

dirle que nos enseñe a decir "sí" cada día y a ser disponibles concreta y generosamente.

La oración se convierte en la vía para descubrir cómo ser discípulos y misioneros hoy, encarnando en una amplia variedad de circunstancias el amor incondicional por todo ser humano y por todas las criaturas. Este camino puede conducirnos a una visión distinta del mundo, de sus contradicciones y sus posibilidades; puede enseñarnos día tras día cómo dirigir nuestras relaciones, nuestros estilos de vida, nuestras expectativas y nuestras políticas hacia el desarrollo humano integral y la plenitud de la vida. Por tanto, la escucha, la contemplación y la oración son parte integrante de la lucha contra las desigualdades y las exclusiones, y a favor de alternativas que sostengan la vida.

El Papa Francisco dice a cada lector de esta recopilación, a cada comunidad y sociedad, *Urbi et orbi*: «Rezo por ustedes, rezo con ustedes y quiero pedirle a nuestro Padre Dios que los bendiga, los colme de su amor y los defienda en el camino dándoles esa fuerza que nos mantiene en pie y no defrauda: la esperanza».[33]

---

[33] *A un ejército invisible, op. cit.*

PAPA FRANCISCO

LA VIDA DESPUÉS DE LA PANDEMIA

¿Por qué tenéis miedo?

« Al[34] atardecer » (*Mc* 4,35). Así comienza el Evangelio que hemos escuchado. Desde hace algunas semanas parece que todo se ha oscurecido. Densas tinieblas han cubierto nuestras plazas, calles y ciudades; se fueron adueñando de nuestras vidas llenando todo de un silencio que ensordece y un vacío desolador que paraliza todo a su paso: se palpita en el aire, se siente en los gestos, lo dicen las miradas. Nos encontramos asustados y perdidos. Al igual que a los discípulos del Evangelio, nos sorprendió una tormenta inesperada y furiosa. Nos dimos cuenta de que estábamos en la misma barca, todos frágiles y desorientados; pero, al mismo tiempo, importantes y necesarios, todos llamados a remar juntos, todos necesitados de confortarnos mutuamente. En esta barca, estamos todos. Como esos discípulos, que hablan con una única voz y con angustia dicen: "perecemos" (cfr. v. 38), también nosotros descubrimos que no podemos seguir cada uno por nuestra cuenta, sino sólo juntos.

---

[34] *Mensaje* Urbi et orbi *durante el Momento extraordinario de oración en tiempos de epidemia*, Atrio de la Basílica de San Pedro, 27 de marzo de 2020.

Es fácil identificarnos con esta historia, lo difícil es entender la actitud de Jesús. Mientras los discípulos, lógicamente, estaban alarmados y desesperados, Él permanecía en popa, en la parte de la barca que primero se hunde. Y, ¿qué hace? A pesar del ajetreo y el bullicio, dormía tranquilo, confiado en el Padre —es la única vez en el Evangelio que Jesús aparece durmiendo—. Después de que lo despertaran y que calmara el viento y las aguas, se dirigió a los discípulos con un tono de reproche: « ¿Por qué tenéis miedo? ¿Aún no tenéis fe? » (v. 40).

Tratemos de entenderlo. ¿En qué consiste la falta de fe de los discípulos que se contrapone a la confianza de Jesús? Ellos no habían dejado de creer en Él; de hecho, lo invocaron. Pero veamos cómo lo invocan: « Maestro, ¿no te importa que perezcamos? » (v. 38). *No te importa*: pensaron que Jesús se desinteresaba de ellos, que no les prestaba atención. Entre nosotros, en nuestras familias, lo que más duele es cuando escuchamos decir: "¿Es que no te importa?". Es una frase que lastima y desata tormentas en el corazón. También habrá sacudido a Jesús, porque a Él le importamos más que a nadie. De hecho, una vez invocado, salva a sus discípulos desconfiados.

La tempestad desenmascara nuestra vulnerabilidad y deja al descubierto esas falsas y superfluas seguridades con las que habíamos construido nuestras agendas, nuestros proyectos, rutinas y prioridades. Nos muestra cómo habíamos dejado dormido y abandonado lo que alimenta, sostiene y da fuerza a nuestra vida y a nuestra comunidad. La tempestad pone al descubierto todos los intentos de encajonar y olvidar lo que nutrió el alma de nuestros pueblos; todas esas tentativas de anestesiar con aparentes rutinas "salvadoras", incapaces de apelar a nuestras raíces y evocar la memoria de nuestros ancianos, privándonos así de la inmunidad necesaria para hacerle frente a la adversidad.

Con la tempestad, se cayó el maquillaje de esos estereotipos con los que disfrazábamos nuestros egos siempre pretenciosos de querer aparentar; y dejó al descubierto, una vez más, esa (bendita) pertenencia común de la que no podemos ni queremos evadirnos; esa pertenencia de hermanos.

«¿Por qué tenéis miedo? ¿Aún no tenéis fe?». Señor, esta tarde tu Palabra nos interpela se dirige a todos. En nuestro mundo, que Tú amas más que nosotros, hemos avanzado rápidamente, sintiéndonos fuertes y capaces de todo. Codiciosos de ganancias, nos hemos

dejado absorber por lo material y trastornar por la prisa. No nos hemos detenido ante tus llamadas, no nos hemos despertado ante guerras e injusticias del mundo, no hemos escuchado el grito de los pobres y de nuestro planeta gravemente enfermo. Hemos continuado imperturbables, pensando en mantenernos siempre sanos en un mundo enfermo. Ahora, mientras estamos en mares agitados, te suplicamos: "Despierta, Señor".

«¿Por qué tenéis miedo? ¿Aún no tenéis fe?». Señor, nos diriges una llamada, una llamada a la fe. Que no es tanto creer que Tú existes, sino ir hacia ti y confiar en ti. En esta Cuaresma resuena tu llamada urgente: "Convertíos", «volved a mí de todo corazón» (*Jl* 2,12). Nos llamas a tomar este tiempo de prueba como *un momento de elección*. No es el momento de tu juicio, sino de nuestro juicio: el tiempo para elegir entre lo que cuenta verdaderamente y lo que pasa, para separar lo que es necesario de lo que no lo es. Es el tiempo de restablecer el rumbo de la vida hacia ti, Señor, y hacia los demás. Y podemos mirar a tantos compañeros de viaje que son ejemplares, pues, ante el miedo, han reaccionado dando la propia vida. Es la fuerza operante del Espíritu derramada y plasmada en valientes y generosas entregas. Es la vida del

Espíritu capaz de rescatar, valorar y mostrar cómo nuestras vidas están tejidas y sostenidas por personas comunes —corrientemente olvidadas— que no aparecen en portadas de diarios y de revistas, ni en las grandes pasarelas del último *show* pero, sin lugar a dudas, están escribiendo hoy los acontecimientos decisivos de nuestra historia: médicos, enfermeros y enfermeras, encargados de reponer los productos en los supermercados, limpiadoras, cuidadoras, transportistas, fuerzas de seguridad, voluntarios, sacerdotes, religiosas y tantos pero tantos otros que comprendieron que nadie se salva solo. Frente al sufrimiento, donde se mide el verdadero desarrollo de nuestros pueblos, descubrimos y experimentamos la oración sacerdotal de Jesús: «Que todos sean uno» (*Jn* 17,21). Cuánta gente cada día demuestra paciencia e infunde esperanza, cuidándose de no sembrar pánico sino corresponsabilidad. Cuántos padres, madres, abuelos y abuelas, docentes muestran a nuestros niños, con gestos pequeños y cotidianos, cómo enfrentar y transitar una crisis readaptando rutinas, levantando miradas e impulsando la oración. Cuántas personas rezan, ofrecen e interceden por el bien de todos. La oración y el servicio silencioso son nuestras armas vencedoras.

«*¿Por qué tenéis miedo? ¿Aún no tenéis fe?*». El comienzo de la fe es saber que necesitamos la salvación. No somos autosuficientes; solos nos hundimos. Necesitamos al Señor como los antiguos marineros las estrellas. Invitemos a Jesús a la barca de nuestra vida. Entreguémosle nuestros temores, para que los venza. Al igual que los discípulos, experimentaremos que, con Él a bordo, no se naufraga. Porque esta es la fuerza de Dios: convertir en algo bueno todo lo que nos sucede, incluso lo malo. Él trae serenidad en nuestras tormentas, porque con Dios la vida nunca muere.

El Señor nos interpela y, en medio de nuestra tormenta, nos invita a despertar y a activar esa solidaridad y esperanza capaz de dar solidez, contención y sentido a estas horas donde todo parece naufragar. El Señor se despierta para despertar y avivar nuestra fe pascual. Tenemos un ancla: en su Cruz hemos sido salvados. Tenemos un timón: en su Cruz hemos sido rescatados. Tenemos una esperanza: en su Cruz hemos sido sanados y abrazados para que nadie ni nada nos separe de su amor redentor. En medio del aislamiento donde estamos sufriendo la falta de los afectos y de los encuentros, experimentando la carencia de tantas cosas, escuchemos una vez más el anuncio que nos salva: ha resucitado y vive a nuestro lado. El Señor nos interpela desde su Cruz a reencontrar la vida que nos espera, a mirar a aquellos que nos reclaman, a potenciar, reconocer e incentivar la gracia que nos habita. No apaguemos la llama humeante (cfr. *Is* 42,3), que nunca enferma, y dejemos que reavive la esperanza.

Abrazar su Cruz es animarse a abrazar todas las contrariedades del tiempo presente, abandonando por un instante nuestro afán de omnipotencia y posesión para darle espacio a la creatividad que sólo el Espíritu es capaz de suscitar. Es animarse a motivar espacios donde todos puedan sentirse convocados y permitir nuevas formas de hospitalidad, de fraternidad y de solidaridad. En su Cruz hemos sido salvados para hospedar la esperanza y dejar que sea ella quien fortalezca y sostenga todas las medidas y caminos posibles que nos ayuden a cuidarnos y a cuidar. Abrazar al Señor para abrazar la esperanza. Esta es la fuerza de la fe, que libera del miedo y da esperanza.

«¿Por qué tenéis miedo? ¿Aún no tenéis fe?». Queridos hermanos y hermanas: Desde este lugar, que narra la fe pétrea de Pedro, esta tarde me gustaría confiarlos a todos al Señor, a través de la intercesión de la Virgen, salud de su pueblo, estrella del mar tempes-

tuoso. Desde esta columnata que abraza a Roma y al mundo, descienda sobre vosotros, como un abrazo consolador, la bendición de Dios. Señor, bendice al mundo, da salud a los cuerpos y consuela los corazones. Nos pides que no sintamos temor. Pero nuestra fe es débil y tenemos miedo. Mas tú, Señor, no nos abandones a merced de la tormenta. Repites de nuevo: «No tengáis miedo» (*Mt* 28,5). Y nosotros, junto con Pedro, "descargamos en ti todo nuestro agobio, porque Tú nos cuidas" (cfr. *1P* 5,7).

Prepararnos para el después es importante

Querido[35] hermano:

Gracias por tu correo. A todos nos preocupa el crecimiento, en progresión geométrica, de la pandemia. Estoy edificado por la reacción de tantas personas, médicos, enfermeras, enfermeros, voluntarios, religiosos, sacerdotes, arriesgan su vida para sanar y defender a la gente sana del contagio. Algunos gobiernos han tomado medidas ejemplares con prioridades bien señaladas para defender a la población. Es verdad que estas medidas "molestan" a quienes se ven obligados a cumplirlas, pero siempre es para el bien común y, a la larga, la mayoría de la gente las acepta y se mueve con una actitud positiva.

Los gobiernos que enfrentan así la crisis muestran la prioridad de sus decisiones: primero la gente. Y esto es importante porque todos sabemos que defender la gente supone un descalabro económico. Sería triste que se optara por lo contrario, lo cual llevaría a la

---

[35] *Carta a Roberto Andrés Gallardo*, 30 de marzo de 2020.

muerte a muchísima gente, algo así como un genocidio virósico.

El viernes tuvimos una reunión con el Dicasterio del Desarrollo Humano Integral, para reflexionar sobre el ahora y sobre el después. Prepararnos para el después es importante. Ya se notan algunas consecuencias que deben ser enfrentadas: hambre, sobre todo para las personas sin trabajo fijo (changas, etc.), violencia, la aparición de los usureros, (que son la verdadera peste del futuro social, delincuentes deshumanizados), etc.

Sobre el futuro económico es interesante la visión de la economista Mariana Mazzucato, docente en el University College London (*El valor de las cosas: quién produce y quién gana en la economía global*, Taurus, Barcelona 2019). Creo que ayuda a pensar el futuro.

Cariños a tu madre, por favor no se olviden de rezar por mí; lo hago por ustedes. Que el Señor te bendiga y la Virgen Santa te cuide.

Fraternalmente

Como una nueva llama

Queridos[36] hermanos y hermanas:
¡Feliz Pascua!

Hoy resuena en todo el mundo el anuncio de la Iglesia: "¡Jesucristo ha resucitado! ¡Verdaderamente ha resucitado!".

Esta Buena Noticia se ha encendido como una llama nueva en la noche, en la noche de un mundo que enfrentaba ya desafíos cruciales y que ahora se encuentra abrumado por la pandemia, que somete a nuestra gran familia humana a una dura prueba. En esta noche resuena la voz de la Iglesia: «¡Resucitó de veras mi amor y mi esperanza!» (*Secuencia pascual*).

Es otro "contagio", que se transmite de corazón a corazón, porque todo corazón humano espera esta Buena Noticia. Es el contagio de la esperanza: «¡Resucitó de veras mi amor y mi esperanza!». No se trata de una fórmula mágica que hace desaparecer los problemas. No, no es eso la resurrección de Cristo, sino la victoria del amor sobre la raíz del

---

36 *Mensaje* Urbi et orbi, Domingo de Pascua, Basílica Vaticana, 12 de abril de 2020.

mal, una victoria que no "pasa por encima" del sufrimiento y la muerte, sino que los traspasa, abriendo un camino en el abismo, transformando el mal en bien, signo distintivo del poder de Dios.

El Resucitado no es otro que el Crucificado. Lleva en su cuerpo glorioso las llagas indelebles, heridas que se convierten en lumbreras de esperanza. A Él dirigimos nuestra mirada para que sane las heridas de la humanidad desolada.

Hoy pienso sobre todo en los que han sido afectados directamente por el coronavirus: los enfermos, los que han fallecido y las familias que lloran por la muerte de sus seres queridos, y que en algunos casos ni siquiera han podido darles el último adiós. Que el Señor de la vida acoja consigo en su reino a los difuntos, y dé consuelo y esperanza a quienes aún están atravesando la prueba, especialmente a los ancianos y a las personas que están solas. Que conceda su consolación y las gracias necesarias a quienes se encuentran en condiciones de particular vulnerabilidad, como también a quienes trabajan en los centros de salud, o viven en los cuarteles y en las cárceles. Para muchos es una Pascua de soledad, vivida en medio de los numerosos lutos y dificultades que está provocando la pandemia, desde los sufrimientos físicos hasta los problemas económicos.

Esta enfermedad no sólo nos está privando de los afectos, sino también de la posibilidad de recurrir en persona al consuelo que brota de los sacramentos, especialmente de la Eucaristía y la Reconciliación. En muchos países no ha sido posible acercarse a ellos, pero el Señor no nos dejó solos. Permaneciendo unidos en la oración, estamos seguros de que Él nos cubre con su mano (cfr. *Sal* 138,5), repitiéndonos con fuerza: No temas, «he resucitado y aún estoy contigo» (Antífona de ingreso de la Misa del día de Pascua, *Misal Romano*).

Que Jesús, nuestra Pascua, conceda fortaleza y esperanza a los médicos y a los enfermeros, que en todas partes ofrecen un testimonio de cuidado y amor al prójimo hasta la extenuación de sus fuerzas y, no pocas veces, hasta el sacrificio de su propia salud. A ellos, como también a quienes trabajan asiduamente para garantizar los servicios esenciales necesarios para la convivencia civil, a las fuerzas del orden y a los militares, que en muchos países han contribuido a mitigar las dificultades y sufrimientos de la población, se dirige nuestro recuerdo afectuoso y nuestra gratitud.

En estas semanas, la vida de millones de personas cambió repentinamente. Para muchos, permanecer en casa ha sido una ocasión para reflexionar, para detener el frenético ritmo de vida, para estar con los seres queridos y disfrutar de su compañía. Pero también es para muchos un tiempo de preocupación por el futuro que se presenta incierto, por el trabajo que corre el riesgo de perderse y por las demás consecuencias que la crisis actual trae consigo. Animo a quienes tienen responsabilidades políticas a trabajar activamente en favor del bien común de los ciudadanos, proporcionando los medios e instrumentos necesarios para permitir que todos puedan tener una vida digna y favorecer, cuando las circunstancias lo permitan, la reanudación de las habituales actividades cotidianas.

Este no es el tiempo de la indiferencia, porque el mundo entero está sufriendo y tiene que estar unido para afrontar la pandemia. Que Jesús resucitado conceda esperanza a todos los pobres, a quienes viven en las periferias, a los prófugos y a los que no tienen un hogar. Que estos hermanos y hermanas más débiles, que habitan en las ciudades y periferias de cada rincón del mundo, no se sientan solos. Procuremos que no les falten los bienes de primera necesidad, más difíciles de conseguir ahora cuando muchos negocios están cerrados, como tampoco los medicamentos y, sobre todo, la posibilidad de una adecuada asistencia sanitaria. Considerando las circunstancias, se relajen además las sanciones internacionales de los países afectados, que les impiden ofrecer a los propios ciudadanos una ayuda adecuada, y se afronten —por parte de todos los Países— las grandes necesidades del momento, reduciendo, o incluso condonando, la deuda que pesa en los presupuestos de aquellos más pobres.

Este no es el tiempo del egoísmo, porque el desafío que enfrentamos nos une a todos y no hace acepción de personas. Entre las numerosas zonas afectadas por el coronavirus, pienso especialmente en Europa. Después de la Segunda Guerra Mundial, este continente pudo resurgir gracias a un auténtico espíritu de solidaridad que le permitió superar las rivalidades del pasado. Es muy urgente, sobre todo en las circunstancias actuales, que esas rivalidades no recobren fuerza, sino que todos se reconozcan parte de una única familia y se sostengan mutuamente. Hoy, la Unión Europea se encuentra frente a un desafío histórico, del que dependerá no sólo su futuro, sino el del mundo entero. Que no pierda la ocasión para demostrar, una vez más, la solidaridad, incluso recurriendo a soluciones innovadoras. Es la única alternativa al egoísmo de los intereses particulares y a la tentación de volver al pasado, con el riesgo de poner a dura prueba la convivencia pacífica y el desarrollo de las próximas generaciones.

Este no es tiempo de la división. Que Cristo, nuestra paz, ilumine a quienes tienen responsabilidades en los conflictos, para que tengan la valentía de adherir al llamamiento por un alto el fuego global e inmediato en todos los rincones del mundo. No es este el momento para seguir fabricando y vendiendo armas, gastando elevadas sumas de dinero que podrían usarse para cuidar personas y salvar vidas. Que sea en cambio el tiempo para poner fin a la larga guerra que ha ensangrentado a la amada Siria, al conflicto en Yemen y a las tensiones en Irak, como también en el Líbano. Que este sea el tiempo en el que los israelíes y los palestinos reanuden el diálogo, y que encuentren una solución estable y duradera que les permita a ambos vivir en paz. Que acaben los sufrimientos de la población que vive en las regiones orientales de Ucrania. Que se terminen los ataques terroristas perpetrados contra tantas personas inocentes en varios países de África.

Este no es tiempo del olvido. Que la crisis que estamos afrontando no nos haga dejar de lado a tantas otras situaciones de emergencia que llevan consigo el sufrimiento de muchas personas. Que el Señor de la vida se muestre cercano a las poblaciones de Asia y África que están atravesando graves crisis humanitarias, como en la Región de Cabo Delgado, en el norte de Mozambique. Que reconforte el corazón de tantas personas refugiadas y desplazadas a causa de guerras, sequías y carestías. Que proteja a los numerosos migrantes y refugiados —muchos de ellos son niños—, que viven en condiciones insoportables, especialmente en Libia y en la frontera entre Grecia y Turquía. Y no quiero olvidar la isla de Lesbos. Que permita alcanzar soluciones prácticas e inmediatas en Venezuela, orientadas a facilitar la ayuda internacional a la población que sufre a causa de la grave coyuntura política, socioeconómica y sanitaria.

Queridos hermanos y hermanas:

Las palabras que realmente queremos escuchar en este tiempo no son indiferencia, egoísmo, división y olvido. ¡Queremos suprimirlas para siempre! Esas palabras pareciera que prevalecen cuando en nosotros triunfa el miedo y la muerte; es decir, cuando no dejamos que sea el Señor Jesús quien triunfe en nuestro corazón y en nuestra vida. Que Él, que ya venció la muerte abriéndonos el camino de la salvación eterna, disipe las tinieblas de nuestra pobre humanidad y nos introduzca en su día glorioso que no conoce ocaso.

Con estas reflexiones, os deseo a todos una feliz Pascua.

A un ejército invisible

Queridos[37] amigos:

Con frecuencia recuerdo nuestros encuentros: dos en el Vaticano y uno en Santa Cruz de la Sierra y les confieso que esta "memoria" me hace bien, me acerca a ustedes, me hace repensar en tantos diálogos durante esos encuentros y en tantas ilusiones que nacieron y crecieron allí y muchas de ellas se hicieron realidad. Ahora, en medio de esta pandemia, los vuelvo a recordar de modo especial y quiero estarles cerca.

En estos días de tanta angustia y dificultad, muchos se han referido a la pandemia que sufrimos con metáforas bélicas. Si la lucha contra el COVID es una guerra, ustedes son un verdadero ejército invisible que pelea en las más peligrosas trincheras. Un ejército sin más arma que la solidaridad, la esperanza y el sentido de la comunidad que reverdece en estos días en los que nadie se salva solo. Ustedes son para mí, como les dije en nuestros encuentros, verdaderos poetas sociales,

---

[37] *Carta a los Movimientos Populares*, 12 de abril de 2020.

que desde las periferias olvidadas crean soluciones dignas para los problemas más acuciantes de los excluidos.

Sé que muchas veces no se los reconoce como es debido porque para este sistema son verdaderamente invisibles. A las periferias no llegan las soluciones del mercado y escasea la presencia protectora del Estado. Tampoco ustedes tienen los recursos para realizar su función. Se los mira con desconfianza por superar la mera filantropía a través la organización comunitaria o reclamar por sus derechos en vez de quedarse resignados esperando a ver si cae alguna migaja de los que detentan el poder económico. Muchas veces mastican bronca e impotencia al ver las desigualdades que persisten incluso en momentos donde se acaban todas las excusas para sostener privilegios. Sin embargo, no se encierran en la queja: se arremangan y siguen trabajando por sus familias, por sus barrios, por el bien común. Esta actitud de Ustedes me ayuda, cuestiona y enseña mucho.

Pienso en las personas, sobre todo mujeres, que multiplican el pan en los comedores comunitarios cocinando con dos cebollas y un paquete de arroz un delicioso guiso para cientos de niños, pienso en los enfermos, pienso en los ancianos. Nunca aparecen en los grandes medios. Tampoco los campesinos y agricultores familiares que siguen labrando para producir alimentos sanos sin destruir la naturaleza, sin acapararlos ni especular con la necesidad del pueblo. Quiero que sepan que nuestro Padre Celestial los mira, los valora, los reconoce y fortalece en su opción.

Qué difícil es quedarse en casa para aquel que vive en una pequeña vivienda precaria o que directamente carece de un techo. Qué difícil es para los migrantes, las personas privadas de libertad o para aquellos que realizan un proceso de sanación por adicciones. Ustedes están ahí, poniendo el cuerpo junto a ellos, para hacer las cosas menos difíciles, menos dolorosas. Los felicito y agradezco de corazón. Espero que los gobiernos comprendan que los paradigmas tecnocráticos (sean estadocéntricos, sean mercadocéntricos) no son suficientes para abordar esta crisis ni los otros grandes problemas de la humanidad. Ahora más que nunca, son las personas, las comunidades, los pueblos quienes deben estar en el centro, unidos para curar, cuidar, compartir.

Sé que ustedes han sido excluidos de los beneficios de la globalización. No gozan de esos placeres superficiales que anestesian tantas conciencias. A pesar de ello, siempre tienen que sufrir sus perjuicios. Los males que aquejan a todos, a ustedes los golpean doblemente. Muchos de ustedes viven el día a día sin ningún tipo de garantías legales que los proteja. Los vendedores ambulantes, los recicladores, los feriantes, los pequeños agricultores, los constructores, los costureros, los que realizan distintas tareas de cuidado. Ustedes, trabajadores informales, independientes o de la economía popular, no tienen un salario estable para resistir este momento... y las cuarentenas se les hacen insoportables. Tal vez sea tiempo de pensar en un salario universal que reconozca y dignifique las nobles e insustituibles tareas que realizan; capaz de garantizar y hacer realidad esa consigna tan humana y tan cristiana: ningún trabajador sin derechos.

También quisiera invitarlos a pensar en el "después" porque esta tormenta va a terminar y sus graves consecuencias ya se sienten. Ustedes no son unos improvisados, tienen la cultura, la metodología pero principalmente la sabiduría que se amasa con la levadura de sentir el dolor del otro como propio. Quiero que pensemos en el proyecto de desarrollo humano integral que anhelamos, centrado en el protagonismo de los Pueblos en toda su diversidad y el acceso universal a esas tres T que ustedes defienden: tierra, techo y trabajo. Espero que este momento de peligro nos saque del piloto automático, sacuda nuestras conciencias dormidas y permita una conversión humanista y ecológica que termine con la idolatría del dinero y ponga la dignidad y la vida en el centro. Nuestra civilización, tan competitiva e individualista, con sus ritmos frenéticos de producción y consumo, sus lujos excesivos y ganancias desmedidas para pocos, necesita bajar un cambio, repensarse, regenerarse. Ustedes son constructores indispensables de ese cambio impostergable; es más, ustedes poseen una voz autorizada para testimoniar que esto es posible. Ustedes saben de crisis y privaciones... que con pudor, dignidad, compromiso, esfuerzo y solidaridad logran transformar en promesa de vida para sus familias y comunidades.

Sigan con su lucha y cuídense como hermanos. Rezo por ustedes, rezo con ustedes y quiero pedirle a nuestro Padre Dios que los bendiga, los colme de su amor y los defienda en el camino dándoles esa fuerza que nos mantiene en pie y no defrauda: la esperanza. Por favor, recen por mí que también lo necesito.

Fraternalmente

Un plan para resucitar

«De[38] pronto, Jesús salió a su encuentro y las saludó, diciendo: "Alégrense"» (*Mt* 28,9). Es la primera palabra del Resucitado después de que María Magdalena y la otra María descubrieran el sepulcro vacío y se toparan con el ángel. El Señor sale a su encuentro para transformar su duelo en alegría y consolarlas en medio de la aflicción (cfr. *Jr* 31,13). Es el Resucitado que quiere resucitar a una vida nueva a las mujeres y, con ellas, a la humanidad entera. Quiere hacernos empezar ya a participar de la condición de resucitados que nos espera.

Invitar a la alegría pudiera parecer una provocación, e incluso, una broma de mal gusto ante las graves consecuencias que estamos sufriendo por el COVID-19. No son pocos los que podrían pensarlo, al igual que los discípulos de Emaús, como un gesto de ignorancia o de irresponsabilidad (cfr. *Lc* 24,17-19). Como las primeras discípulas que iban al sepulcro, vivimos rodeados por una atmósfera de dolor e incertidumbre que nos hace preguntarnos:

---

[38] Texto originariamente publicado en «Vida Nueva», 17 de abril de 2020.

«¿Quién nos correrá la piedra del sepulcro?» (*Mc* 16,3). ¿Cómo haremos para llevar adelante esta situación que nos sobrepasó completamente? El impacto de todo lo que sucede, las graves consecuencias que ya se reportan y vislumbran, el dolor y el luto por nuestros seres queridos nos desorientan, acongojan y paralizan. Es la pesantez de la piedra del sepulcro que se impone ante el futuro y que amenaza, con su realismo, sepultar toda esperanza. Es la pesantez de la angustia de personas vulnerables y ancianas que atraviesan la cuarentena en la más absoluta soledad, es la pesantez de las familias que no saben ya como arrimar un plato de comida a sus mesas, es la pesantez del personal sanitario y servidores públicos al sentirse exhaustos y desbordados… esa pesantez que parece tener la última palabra.

Sin embargo, resulta conmovedor destacar la actitud de las mujeres del Evangelio. Frente a las dudas, el sufrimiento, la perplejidad ante la situación e incluso el miedo a la persecución y a todo lo que les podría pasar, fueron capaces de ponerse en movimiento y no dejarse paralizar por lo que estaba aconteciendo. Por amor al Maestro, y con ese típico, insustituible y bendito genio femenino, fueron capaces de asumir la vida como venía, sortear astutamente los obstáculos para estar cerca de su Señor. A diferencia de muchos de los Apóstoles que huyeron presos del miedo y la inseguridad, que negaron al Señor y escaparon (cfr. *Jn* 18,25-27), ellas, sin evadirse ni ignorar lo que sucedía, sin huir ni escapar…, supieron simplemente estar y acompañar. Como las primeras discípulas, que, en medio de la oscuridad y el desconsuelo, cargaron sus bolsas con perfumes y se pusieron en camino para ungir al Maestro sepultado (cfr. *Mc* 16,1), nosotros pudimos, en este tiempo, ver a muchos que buscaron aportar la unción de la corresponsabilidad para cuidar y no poner en riesgo la vida de los demás. A diferencia de los que huyeron con la ilusión de salvarse a sí mismos, fuimos testigos de cómo vecinos y familiares se pusieron en marcha con esfuerzo y sacrificio para permanecer en sus casas y así frenar la difusión. Pudimos descubrir cómo muchas personas que ya vivían y tenían que sufrir la pandemia de la exclusión y la indiferencia siguieron esforzándose, acompañándose y sosteniéndose para que esta situación sea (o bien, fuese) menos dolorosa. Vimos la unción derramada por médicos, enfermeros y enfermeras, reponedores de góndolas, limpiadores, cuidadores, transportistas, fuerzas de seguridad, voluntarios, sacerdotes, religiosas, abuelos y educadores y tantos otros que se animaron a entregar todo lo que poseían para aportar un poco de cura, de calma y alma a la situación. Y aunque la pregunta seguía siendo la misma: «¿Quién nos correrá la piedra del sepulcro?» (*Mc* 16,3), todos ellos no dejaron de hacer lo que sentían que podían y tenían que dar.

Y fue precisamente ahí, en medio de sus ocupaciones y preocupaciones, donde las discípulas fueron sorprendidas por un anuncio desbordante: "No está aquí, ha resucitado". Su unción no era una unción para la muerte, sino para la vida. Su velar y acompañar al Señor, incluso en la muerte y en la mayor desesperanza, no era vana, sino que les permitió ser ungidas por la Resurrección: no estaban solas, Él estaba vivo y las precedía en su caminar. Solo una noticia desbordante era capaz de romper el círculo que les impedía ver que la piedra ya había sido corrida, y el perfume derramado tenía mayor capacidad de expansión que aquello que las amenazaba. Esta es la fuente de nuestra alegría y esperanza, que transforma nuestro accionar: nuestras unciones, entregas… nuestro velar y acompañar en todas las formas posibles en este tiempo, no son ni serán en vano; no son entregas para la muerte. Cada vez que tomamos parte de la

Pasión del Señor, que acompañamos la pasión de nuestros hermanos, viviendo inclusive la propia pasión, nuestros oídos escucharán la novedad de la Resurrección: no estamos solos, el Señor nos precede en nuestro caminar removiendo las piedras que nos paralizan. Esta buena noticia hizo que esas mujeres volvieran sobre sus pasos a buscar a los Apóstoles y a los discípulos que permanecían escondidos para contarles: «La vida arrancada, destruida, aniquilada en la cruz ha despertado y vuelve a latir de nuevo».[39] Esta es nuestra esperanza, la que no nos podrá ser robada, silenciada o contaminada. Toda la vida de servicio y amor que ustedes han entregado en este tiempo volverá a latir de nuevo. Basta con abrir una rendija para que la Unción que el Señor nos quiere regalar se expanda con una fuerza imparable y nos permita contemplar la realidad doliente con una mirada renovadora.

Y, como a las mujeres del Evangelio, también a nosotros se nos invita una y otra vez a volver sobre nuestros pasos y dejarnos transformar por este anuncio: el Señor, con

---

[39] ROMANO GUARDINI, *El Señor. Meditaciones sobre la persona y la vida de Jesucristo,* Cristiandad S.L., 2002, 504.

su novedad, puede siempre renovar nuestra vida y la de nuestra comunidad.[40] En esta tierra desolada, el Señor se empeña en regenerar la belleza y hacer renacer la esperanza: «Mirad que realizo algo nuevo, ya está brotando, ¿no lo notan?» (*Is* 43,18b). Dios jamás abandona a su pueblo, está siempre junto a él, especialmente cuando el dolor se hace más presente.

Si algo hemos podido aprender en todo este tiempo, es que nadie se salva solo. Las fronteras caen, los muros se derrumban y todos los discursos integristas se disuelven ante una presencia casi imperceptible que manifiesta la fragilidad de la que estamos hechos. La Pascua nos convoca e invita a hacer memoria de esa otra presencia discreta y respetuosa, generosa y reconciliadora capaz de no romper la caña quebrada ni apagar la mecha que arde débilmente (cfr. *Is* 42,2-3) para hacer latir la vida nueva que nos quiere regalar a todos. Es el soplo del Espíritu que abre horizontes, despierta la creatividad y nos renueva en fraternidad para decir presente (o bien, aquí estoy) ante la enorme e impostergable tarea que nos espera. Urge discernir y encontrar el

---

[40] Cfr. ex. ap. *Evangelii gaudium*, 24 de noviembre de 2013, 11.

pulso del Espíritu para impulsar junto a otros las dinámicas que puedan testimoniar y canalizar la vida nueva que el Señor quiere generar en este momento concreto de la historia. Este es el tiempo favorable del Señor, que nos pide no conformarnos ni contentarnos y menos justificarnos con lógicas sustitutivas o paliativas que impiden asumir el impacto y las graves consecuencias de lo que estamos viviendo. Este es el tiempo propicio de animarnos a una nueva imaginación de lo posible con el realismo que solo el Evangelio nos puede proporcionar. El Espíritu, que no se deja encerrar ni instrumentalizar con esquemas, modalidades o estructuras fijas o caducas, nos propone sumarnos a su movimiento capaz de «hacer nuevas todas las cosas» (*Ap* 21,5).

En este tiempo nos hemos dado cuenta de la importancia de «unir a toda la familia humana en la búsqueda de un desarrollo sostenible e integral».[41] Cada acción individual no es una acción aislada, para bien o para mal, tiene consecuencias para los demás, porque todo está conectado en nuestra Casa común; y si las autoridades sanitarias ordenan el confinamiento en los hogares, es el pueblo

---

[41] *Laudato si'*, 13.

quien lo hace posible, consciente de su corresponsabilidad para frenar la pandemia. «Una emergencia como la del COVID-19 es derrotada en primer lugar con los anticuerpos de la solidaridad».[42] Lección que romperá todo el fatalismo en el que nos habíamos inmerso y permitirá volver a sentirnos artífices y protagonistas de una historia común y, así, responder mancomunadamente a tantos males que aquejan a millones de hermanos alrededor del mundo. No podemos permitirnos escribir la historia presente y futura de espaldas al sufrimiento de tantos. Es el Señor quien nos volverá a preguntar «¿dónde está tu hermano?» (*Gn* 4,9) y, en nuestra capacidad de respuesta, ojalá se revele el alma de nuestros pueblos, ese reservorio de esperanza, fe y caridad en la que fuimos engendrados y que, por tanto tiempo, hemos anestesiado o silenciado.

Si actuamos como un solo pueblo, incluso ante las otras epidemias que nos acechan, podemos lograr un impacto real. ¿Seremos capaces de actuar responsablemente frente al hambre que padecen tantos, sabiendo que hay alimentos para todos? ¿Seguiremos mi-

---

[42] PONTIFICIA ACADEMIA PARA LA VIDA, *Pandemia y fraternidad universal. Nota sobre la emergencia COVID-19*, 30 de marzo de 2020, 4.

rando para otro lado con un silencio cómplice ante esas guerras alimentadas por deseos de dominio y de poder? ¿Estaremos dispuestos a cambiar los estilos de vida que sumergen a tantos en la pobreza, promoviendo y animándonos a llevar una vida más austera y humana que posibilite un reparto equitativo de los recursos? ¿Adoptaremos como comunidad internacional las medidas necesarias para frenar la devastación del medio ambiente o seguiremos negando la evidencia? La globalización de la indiferencia seguirá amenazando y tentando nuestro caminar… Ojalá nos encuentre con los anticuerpos necesarios de la justicia, la caridad y la solidaridad. No tengamos miedo a vivir la alternativa de la civilización del amor, que es «una civilización de la esperanza: contra la angustia y el miedo, la tristeza y el desaliento, la pasividad y el cansancio. La civilización del amor se construye cotidianamente, ininterrumpidamente. Supone el esfuerzo comprometido de todos. Supone, por eso, una comprometida comunidad de hermanos».[43]

En este tiempo de tribulación y luto, es mi deseo que, allí donde estés, puedas hacer

---

[43] Eduardo Pironio, *Diálogo con laicos*, Patria Grande, Buenos Aires, 1986.

la experiencia de Jesús, que sale a tu encuentro, te saluda y te dice: « Alégrate » (*Mt* 28,9). Y que sea ese saludo el que nos movilice a convocar y amplificar la buena nueva del Reino de Dios.

El egoísmo: un virus todavía peor

[…] Queridos[44] hermanos y hermanas: En la prueba que estamos atravesando, también nosotros, como Tomás, con nuestros temores y nuestras dudas, nos reconocemos frágiles. Necesitamos al Señor, que ve en nosotros, más allá de nuestra fragilidad, una belleza perdurable. Con Él descubrimos que somos valiosos en nuestra debilidad, nos damos cuenta de que somos como cristales hermosísimos, frágiles y preciosos al mismo tiempo. Y si, como el cristal, somos transparentes ante Él, su luz, la luz de la misericordia brilla en nosotros y, por medio nuestro, en el mundo. Ese es el motivo para alegrarse, como nos dijo la Carta de Pedro, «alegraos de ello, aunque ahora sea preciso padecer un poco en pruebas diversas» (*1 P* 1,6).

En esta fiesta de la Divina Misericordia el anuncio más hermoso se da a través del discípulo que llegó más tarde. Sólo él faltaba, Tomás, pero el Señor lo esperó. La misericordia no abandona a quien se queda atrás. Ahora,

---

[44] Extracto de la *Homilía,* II Domingo de Pascua (o de la Divina misericordia), iglesia de Santo Espirito en Sassia, 19 de abril de 2020.

mientras pensamos en una lenta y ardua recuperación de la pandemia, se insinúa justamente este peligro: olvidar al que se quedó atrás. El riesgo es que nos golpee un virus todavía peor, el del *egoísmo indiferente*, que se transmite al pensar que la vida mejora si me va mejor a mí, que todo irá bien si me va bien a mí. Se parte de esa idea y se sigue hasta llegar a seleccionar a las personas, descartar a los pobres e inmolar en el altar del progreso al que se queda atrás. Pero esta pandemia nos recuerda que no hay diferencias ni fronteras entre los que sufren: todos somos frágiles, iguales y valiosos. Que lo que está pasando nos sacuda por dentro. Es tiempo de eliminar las desigualdades, de *reparar la injusticia* que mina de raíz la salud de toda la humanidad. Aprendamos de la primera comunidad cristiana, que se describe en el libro de los *Hechos de los Apóstoles*. Había recibido misericordia y vivía con misericordia: «Los creyentes vivían todos unidos y tenían todo en común; vendían posesiones y bienes y los repartían entre todos, según la necesidad de cada uno» (*Hch* 2,44-45). No es ideología, es cristianismo.

En esa comunidad, después de la resurrección de Jesús, sólo uno se había quedado atrás y los otros lo esperaron. Actualmente parece lo contrario: una pequeña parte de la humanidad avanzó, mientras la mayoría se quedó atrás. Y cada uno podría decir: "Son problemas complejos, no me toca a mí ocuparme de los necesitados, son otros los que tienen que hacerse cargo". Santa Faustina, después de haberse encontrado con Jesús, escribió: «En un alma que sufre debemos ver a Jesús crucificado y no un parásito y una carga… [Señor], nos ofreces la oportunidad de ejercitarnos en las obras de misericordia y nosotros nos ejercitamos en los juicios» (*Diario*, 6 septiembre 1937). Pero un día, ella misma le presentó sus quejas a Jesús, porque: ser misericordiosos implica pasar por ingenuos. Le dijo: «Señor, a menudo abusan de mi bondad», y Jesús le respondió: «No importa, hija mía, no te fijes en eso, tú sé siempre misericordiosa con todos» (*Diario*, 24 diciembre 1937). Con todos, no pensemos sólo en nuestros intereses, en intereses particulares. Aprovechemos esta prueba como una oportunidad para preparar el mañana de todos, sin descartar a ninguno: de todos. Porque sin una visión de conjunto nadie tendrá futuro.

Hoy, el amor desarmado y desarmante de Jesús resucita el corazón del discípulo. Que también nosotros, como el apóstol Tomás, acojamos la misericordia, salvación del mundo, y seamos misericordiosos con el que es más débil. Sólo así reconstruiremos un mundo nuevo.

AL MUNDO DE LOS PERIÓDICOS CALLEJEROS

La[45] vida de millones de personas en nuestro mundo, que ya tienen que afrontar tantos retos difíciles y están oprimidas por la pandemia, ha cambiado y se ve sometida a duras pruebas. Las personas más frágiles, los invisibles, los que no tienen domicilio fijo corren el riesto de pagar el precio más caro.

Quiero saludar ahora al mundo de los periódicos callejeros y especialmente a sus vendedores, que en su mayoría son personas sin hogar, gravemente marginadas, desempleadas: miles de personas en todo el mundo viven y tienen un trabajo gracias a la venta de estos extraordinarios periódicos.

En Italia pienso en la hermosa experiencia de *Scarp de' tenis*, el proyecto de Cáritas que permite a más de 130 personas en apuros tener un ingreso y con ello el acceso a los derechos fundamentales de ciudadanía. Y eso no es todo. Pienso en la experiencia de más de 100 periódicos callejeros de todo el mundo, que se publican en 35 países diferentes y en 25 idiomas distintos y que garantizan trabajo

---

[45] *Carta*, 21 de abril de 2020.

e ingresos a más de 20.500 personas sin hogar en el mundo. Desde hace muchas semanas no se venden los periódicos callejeros y sus vendedores no pueden trabajar. Quiero expresar, pues, mi cercanía a los periodistas, a los voluntarios, a las personas que viven gracias a estos proyectos y que en estos tiempos están sacando a la luz muchas ideas innovadoras. La pandemia ha vuelto difícil vuestro trabajo pero estoy seguro de que la gran red de periódicos callejeros del mundo volverá más fuerte que antes. Mirar a los más pobres, en estos días, puede ayudarnos a todos a ser conscientes de lo que realmente nos está pasando y de nuestra verdadera condición. A todos vosotros mi mensaje de aliento y amistad fraternal. Gracias por el trabajo que hacéis, por la información que dais y por las historias de esperanza que contáis.

Superar los desafíos globales

Queridos[46] hermanos y hermanas, ¡buenos días!

Hoy celebramos el *50º Día de la Tierra*. Es una oportunidad para renovar nuestro compromiso de amar nuestra casa común y cuidar de ella y de los miembros más débiles de nuestra familia. Como la trágica pandemia de coronavirus nos está demostrando, solo juntos y haciéndonos cargo de los más frágiles podemos vencer los desafíos globales. La Carta Encíclica *Laudato si'* tiene precisamente este subtítulo: «Sobre el cuidado de la casa común». Hoy reflexionaremos un poco juntos sobre esta responsabilidad que caracteriza nuestro «proprio paso por esta tierra».[47] Debemos crecer en la conciencia del cuidado de la casa común.

Estamos hechos de materia terrestre y los frutos de la tierra sostienen nuestra vida. Pero, como nos recuerda el libro del Génesis, no somos simplemente "terrestres": llevamos en nosotros también el soplo vital que viene

---

[46] *Catequesis durante la Audiencia general en el 50°* *Día de la Tierra*, 22 de abril de 2020.

[47] *Laudato si'*, 160.

de Dios (cfr. *Gen* 2,4-7). Vivimos, por lo tanto, en la casa común como una única familia humana y en la biodiversidad con las demás criaturas de Dios. Como *imago Dei*, imagen de Dios, estamos llamados a cuidar y respetar a todas las criaturas y a sentir amor y compasión por nuestros hermanos y hermanas, especialmente los más débiles, a imitación del amor de Dios por nosotros, manifestado en su Hijo Jesús, que se hizo hombre para compartir con nosotros esta situación y salvarnos.

A causa del egoísmo, hemos incumplido nuestra responsabilidad como custodios y administradores de la tierra. «Basta mirar la realidad con sinceridad para ver que hay un gran deterioro de nuestra casa común»[48]. La hemos contaminado, la hemos saqueado, poniendo en peligro nuestra misma vida. Por eso, se han formado varios movimientos internacionales y locales para despertar las conciencias. Aprecio sinceramente estas iniciativas, y será todavía necesario que nuestros hijos salgan a la calle para enseñarnos lo que es obvio, es decir, que no hay futuro para nosotros si destruimos el ambiente que nos sostiene.

---

[48] *Ibíd.*, 61.

Hemos fallado custodiando la tierra, nuestra casa-jardín y custodiando a nuestros hermanos. Hemos pecado contra la tierra, contra nuestro prójimo y, en definitiva, contra el Creador, el Padre bueno que provee a cada uno y quiere que vivamos juntos en comunión y prosperidad. ¿Y cómo reacciona la tierra? Hay un dicho español que es muy claro en esto y dice así: "Dios perdona siempre; nosotros los hombres perdonamos algunas veces sí, algunas veces no; la tierra no perdona nunca". La tierra no perdona: si nosotros hemos deteriorado la tierra, la respuesta será muy fea.

¿Cómo podemos retomar una relación armoniosa con la tierra y con el resto de la humanidad? Una relación armoniosa… Muchas veces perdemos la visión de la armonía: la armonía es obra del Espíritu Santo. Incluso en la casa común, en la tierra, también en nuestra relación con la gente, con el prójimo, con los más pobres, ¿cómo podemos retomar esta armonía? Necesitamos un nuevo modo de mirar nuestra casa común. Entendámonos: esta no es un depósito de recursos que explotar. Para nosotros creyentes, el mundo natural es el "Evangelio de la Creación", que expresa la potencia creadora de Dios al plasmar la vida humana y al hacer que el mundo exista, junto lo que contiene para sostener a la humanidad. El relato bíblico de la creación se concluye así: «Vio Dios cuanto había hecho, y todo estaba muy bien» (*Gen* 1,31). Cuando vemos estas tragedias naturales que son la respuesta de la tierra a nuestro maltrato, yo pienso: "Si yo pregunto ahora al Señor qué piensa, no creo que me diga que es algo muy bueno". ¡Hemos sido nosotros los que hemos arruinado la obra del Señor!

Al celebrar hoy el Día de la Tierra, estamos llamados a recontrar el sentido del respeto sagrado por la tierra, porque no es solo nuestra casa, sino también la casa de Dios. ¡De aquí surge en nosotros la conciencia de estar en una tierra sagrada!

Queridos hermanos y hermanas, «despertemos el sentido estético y contemplativo que Dios puso en nosotros».[49] La profecía de la contemplación es algo que aprendemos sobre todo de los pueblos originarios, los cuales nos enseñan que no podemos cuidar a la tierra si no la amamos y no la respetamos. Ellos tienen esa sabiduría del "buen vivir", no en el sentido de pasarlo bien, no: sino del vivir

------

[49] Exhort. ap. postsin. *Querida Amazonia*, 2 de febrero de 2020, 56.

en armonía con la tierra. Ellos llaman "buen vivir" a esta armonía.

Al mismo tiempo, necesitamos una conversión ecológica que se exprese en acciones concretas. Como familia única e interdependiente, necesitamos un plan compartido para vencer las amenazas contra nuestra casa común. «La interdependencia nos obliga a pensar en un solo mundo, en un proyecto común».[50] Somos conscientes de la importancia de colaborar como comunidad internacional para la protección de nuestra casa común. Exhorto a cuantos tienen autoridad a dirigir el proceso que conducirá a dos importantes Conferencias internacionales: la *COP15 sobre la Biodiversidad en* Kunming (China) y la *COP26 sobre el Cambio Climático en* Glasgow (Reino Unido). Estos dos encuentros son muy importantes.

Quisiera animar a organizar intervenciones concertadas también a nivel nacional y local. Es bueno converger juntos desde todas las condiciones sociales y dar vida también a un movimiento popular "desde abajo". Así nació el *Día mundial de la Tierra*, que celebramos hoy, nació precisamente así. Cada uno

---

[50] *Laudato si*, 164.

de nosotros puede dar su pequeña contribución: «No hay que pensar que esos esfuerzos no van a cambiar el mundo. Esas acciones derraman un bien en la sociedad que siempre produce frutos más allá de lo que se pueda constatar, porque provocan en el seno de esta tierra un bien que siempre tiende a difundirse, a veces invisiblemente».[51] En este tiempo pascual de renovación, comprometámonos a amar y a apreciar el magnífico don de la tierra, nuestra casa común y a cuidar de todos los miembros de la familia humana. Como hermanos y hermanas que somos, supliquemos juntos a nuestro Padre celestial: "Envía tu Espíritu y renueva la faz de la tierra" (cfr. *Sal* 104, 30).

Saludo cordialmente a los fieles de lengua española que siguen esta catequesis a través de los medios de comunicación social. En estos días iluminados por la Resurrección del Señor Jesús, pidámosle que con su Espíritu vivificante renueve todas las cosas, nos conceda encontrar el sentido del santo respeto por la tierra y estar más atentos a las necesidades de todos los hermanos. Que Dios los bendiga.

---

[51] *Ibid.*, 212.

ÍNDICE

www.ingramcontent.com/pod-product-compliance
Lightning Source LLC
LaVergne TN
LVHW040048180726
843489LV00003B/1062